Disc Golf

Date: **Course:**

	1	2	3	4	5	6	7	8	9	Front	10	11	12	13	14	15	16	17	18	Back	Total	+/-
Distance																						
Par																						
Name																						

Date: **Course:**

	1	2	3	4	5	6	7	8	9	Front	10	11	12	13	14	15	16	17	18	Back	Total	+/-
Distance																						
Par																						
Name																						

Date: **Course:**

	1	2	3	4	5	6	7	8	9	Front	10	11	12	13	14	15	16	17	18	Back	Total	+/-
Distance																						
Par																						
Name																						

Disc Golf

Course: _____ Date: _____

	1	2	3	4	5	6	7	8	9	Front	10	11	12	13	14	15	16	17	18	Back	Total	+/-
Distance																						
Par																						
Name																						

Course: _____ Date: _____

	1	2	3	4	5	6	7	8	9	Front	10	11	12	13	14	15	16	17	18	Back	Total	+/-
Distance																						
Par																						
Name																						

Course: _____ Date: _____

	1	2	3	4	5	6	7	8	9	Front	10	11	12	13	14	15	16	17	18	Back	Total	+/-
Distance																						
Par																						
Name																						

Disc Golf

Course:

Date:

		1	2	3	4	5	6	7	8	9	Front	10	11	12	13	14	15	16	17	18	Back	Total	+/-
Distance																							
Par																							
Name																							

Course:

Date:

		1	2	3	4	5	6	7	8	9	Front	10	11	12	13	14	15	16	17	18	Back	Total	+/-
Distance																							
Par																							
Name																							

Course:

Date:

		1	2	3	4	5	6	7	8	9	Front	10	11	12	13	14	15	16	17	18	Back	Total	+/-
Distance																							
Par																							
Name																							

Disc Golf

Date: _____ **Course:** _____

	1	2	3	4	5	6	7	8	9	Front	10	11	12	13	14	15	16	17	18	Back	Total	+/-
Distance																						
Par																						
Name																						

Date: _____ **Course:** _____

	1	2	3	4	5	6	7	8	9	Front	10	11	12	13	14	15	16	17	18	Back	Total	+/-
Distance																						
Par																						
Name																						

Date: _____ **Course:** _____

	1	2	3	4	5	6	7	8	9	Front	10	11	12	13	14	15	16	17	18	Back	Total	+/-
Distance																						
Par																						
Name																						

Disc Golf

Date: _____ **Course:** _____

	1	2	3	4	5	6	7	8	9	Front	10	11	12	13	14	15	16	17	18	Back	Total	+/-
Distance																						
Par																						
Name																						

Date: _____ **Course:** _____

	1	2	3	4	5	6	7	8	9	Front	10	11	12	13	14	15	16	17	18	Back	Total	+/-
Distance																						
Par																						
Name																						

Date: _____ **Course:** _____

	1	2	3	4	5	6	7	8	9	Front	10	11	12	13	14	15	16	17	18	Back	Total	+/-
Distance																						
Par																						
Name																						

Disc Golf

Date: **Course:**

	1	2	3	4	5	6	7	8	9	Front	10	11	12	13	14	15	16	17	18	Back	Total	+/-
Distance																						
Par																						
Name																						

Date: **Course:**

	1	2	3	4	5	6	7	8	9	Front	10	11	12	13	14	15	16	17	18	Back	Total	+/-
Distance																						
Par																						
Name																						

Date: **Course:**

	1	2	3	4	5	6	7	8	9	Front	10	11	12	13	14	15	16	17	18	Back	Total	+/-
Distance																						
Par																						
Name																						

Disc Golf

Date: **Course:**

	1	2	3	4	5	6	7	8	9	Front	10	11	12	13	14	15	16	17	18	Back	Total	+/-
Distance																						
Par																						
Name																						

Date: **Course:**

	1	2	3	4	5	6	7	8	9	Front	10	11	12	13	14	15	16	17	18	Back	Total	+/-
Distance																						
Par																						
Name																						

Date: **Course:**

	1	2	3	4	5	6	7	8	9	Front	10	11	12	13	14	15	16	17	18	Back	Total	+/-
Distance																						
Par																						
Name																						

Disc Golf

Date:

Course:

	1	2	3	4	5	6	7	8	9	Front	10	11	12	13	14	15	16	17	18	Back	Total	+/-
Distance																						
Par																						
Name																						

Date:

Course:

	1	2	3	4	5	6	7	8	9	Front	10	11	12	13	14	15	16	17	18	Back	Total	+/-
Distance																						
Par																						
Name																						

Date:

Course:

	1	2	3	4	5	6	7	8	9	Front	10	11	12	13	14	15	16	17	18	Back	Total	+/-
Distance																						
Par																						
Name																						

Disc Golf

Course:

Date:

	1	2	3	4	5	6	7	8	9	Front	10	11	12	13	14	15	16	17	18	Back	Total	+/-
Distance																						
Par																						
Name																						

Course:

Date:

	1	2	3	4	5	6	7	8	9	Front	10	11	12	13	14	15	16	17	18	Back	Total	+/-
Distance																						
Par																						
Name																						

Course:

Date:

	1	2	3	4	5	6	7	8	9	Front	10	11	12	13	14	15	16	17	18	Back	Total	+/-
Distance																						
Par																						
Name																						

Disc Golf

Date:

Course:

	1	2	3	4	5	6	7	8	9	Front	10	11	12	13	14	15	16	17	18	Back	Total	+/-
Distance																						
Par																						
Name																						

Date:

Course:

	1	2	3	4	5	6	7	8	9	Front	10	11	12	13	14	15	16	17	18	Back	Total	+/-
Distance																						
Par																						
Name																						

Date:

Course:

	1	2	3	4	5	6	7	8	9	Front	10	11	12	13	14	15	16	17	18	Back	Total	+/-
Distance																						
Par																						
Name																						

Disc Golf

Date:

Course:

	1	2	3	4	5	6	7	8	9	Front	10	11	12	13	14	15	16	17	18	Back	Total	+/-
Distance																						
Par																						
Name																						

Date:

Course:

	1	2	3	4	5	6	7	8	9	Front	10	11	12	13	14	15	16	17	18	Back	Total	+/-
Distance																						
Par																						
Name																						

Date:

Course:

	1	2	3	4	5	6	7	8	9	Front	10	11	12	13	14	15	16	17	18	Back	Total	+/-
Distance																						
Par																						
Name																						

Disc Golf

Course:

Date:

	1	2	3	4	5	6	7	8	9	Front	10	11	12	13	14	15	16	17	18	Back	Total	+/-
Distance																						
Par																						
Name																						

Course:

Date:

	1	2	3	4	5	6	7	8	9	Front	10	11	12	13	14	15	16	17	18	Back	Total	+/-
Distance																						
Par																						
Name																						

Course:

Date:

	1	2	3	4	5	6	7	8	9	Front	10	11	12	13	14	15	16	17	18	Back	Total	+/-
Distance																						
Par																						
Name																						

Disc Golf

Course:

Date:

	1	2	3	4	5	6	7	8	9	Front	10	11	12	13	14	15	16	17	18	Back	Total	+/-
Distance																						
Par																						
Name																						

Course:

Date:

	1	2	3	4	5	6	7	8	9	Front	10	11	12	13	14	15	16	17	18	Back	Total	+/-
Distance																						
Par																						
Name																						

Course:

Date:

	1	2	3	4	5	6	7	8	9	Front	10	11	12	13	14	15	16	17	18	Back	Total	+/-
Distance																						
Par																						
Name																						

Disc Golf

Date: ___ Course: ___

	1	2	3	4	5	6	7	8	9	Front	10	11	12	13	14	15	16	17	18	Back	Total	+/-
Distance																						
Par																						
Name																						

Date: ___ Course: ___

	1	2	3	4	5	6	7	8	9	Front	10	11	12	13	14	15	16	17	18	Back	Total	+/-
Distance																						
Par																						
Name																						

Date: ___ Course: ___

	1	2	3	4	5	6	7	8	9	Front	10	11	12	13	14	15	16	17	18	Back	Total	+/-
Distance																						
Par																						
Name																						

Disc Golf

Course: _____

Date: _____

	1	2	3	4	5	6	7	8	9	Front	10	11	12	13	14	15	16	17	18	Back	Total	+/-
Distance																						
Par																						
Name																						

Course: _____

Date: _____

	1	2	3	4	5	6	7	8	9	Front	10	11	12	13	14	15	16	17	18	Back	Total	+/-
Distance																						
Par																						
Name																						

Course: _____

Date: _____

	1	2	3	4	5	6	7	8	9	Front	10	11	12	13	14	15	16	17	18	Back	Total	+/-
Distance																						
Par																						
Name																						

Disc Golf

Course:

Date:

	1	2	3	4	5	6	7	8	9	Front	10	11	12	13	14	15	16	17	18	Back	Total	+/-
Distance																						
Par																						
Name																						

Course:

Date:

	1	2	3	4	5	6	7	8	9	Front	10	11	12	13	14	15	16	17	18	Back	Total	+/-
Distance																						
Par																						
Name																						

Course:

Date:

	1	2	3	4	5	6	7	8	9	Front	10	11	12	13	14	15	16	17	18	Back	Total	+/-
Distance																						
Par																						
Name																						

Disc Golf

Date: _____ Course: _____

	1	2	3	4	5	6	7	8	9	Front	10	11	12	13	14	15	16	17	18	Back	Total	+/-
Distance																						
Par																						
Name																						

Date: _____ Course: _____

	1	2	3	4	5	6	7	8	9	Front	10	11	12	13	14	15	16	17	18	Back	Total	+/-
Distance																						
Par																						
Name																						

Date: _____ Course: _____

	1	2	3	4	5	6	7	8	9	Front	10	11	12	13	14	15	16	17	18	Back	Total	+/-
Distance																						
Par																						
Name																						

Disc Golf

Course: ____

Date: ____

	1	2	3	4	5	6	7	8	9	Front	10	11	12	13	14	15	16	17	18	Back	Total	+/-
Distance																						
Par																						
Name																						

Course: ____

Date: ____

	1	2	3	4	5	6	7	8	9	Front	10	11	12	13	14	15	16	17	18	Back	Total	+/-
Distance																						
Par																						
Name																						

Course: ____

Date: ____

	1	2	3	4	5	6	7	8	9	Front	10	11	12	13	14	15	16	17	18	Back	Total	+/-
Distance																						
Par																						
Name																						

Disc Golf

Date: **Course:**

	1	2	3	4	5	6	7	8	9	Front	10	11	12	13	14	15	16	17	18	Back	Total	+/-
Distance																						
Par																						
Name																						

Date: **Course:**

	1	2	3	4	5	6	7	8	9	Front	10	11	12	13	14	15	16	17	18	Back	Total	+/-
Distance																						
Par																						
Name																						

Date: **Course:**

	1	2	3	4	5	6	7	8	9	Front	10	11	12	13	14	15	16	17	18	Back	Total	+/-
Distance																						
Par																						
Name																						

Disc Golf

Date: _____ **Course:** _____

	1	2	3	4	5	6	7	8	9	Front	10	11	12	13	14	15	16	17	18	Back	Total	+/-
Distance																						
Par																						
Name																						

Date: _____ **Course:** _____

	1	2	3	4	5	6	7	8	9	Front	10	11	12	13	14	15	16	17	18	Back	Total	+/-
Distance																						
Par																						
Name																						

Date: _____ **Course:** _____

	1	2	3	4	5	6	7	8	9	Front	10	11	12	13	14	15	16	17	18	Back	Total	+/-
Distance																						
Par																						
Name																						

Disc Golf

Course:

Date:

	1	2	3	4	5	6	7	8	9	Front	10	11	12	13	14	15	16	17	18	Back	Total	+/-
Distance																						
Par																						
Name																						

Course:

Date:

	1	2	3	4	5	6	7	8	9	Front	10	11	12	13	14	15	16	17	18	Back	Total	+/-
Distance																						
Par																						
Name																						

Course:

Date:

	1	2	3	4	5	6	7	8	9	Front	10	11	12	13	14	15	16	17	18	Back	Total	+/-
Distance																						
Par																						
Name																						

Disc Golf

Date:

Course:

		1	2	3	4	5	6	7	8	9	Front	10	11	12	13	14	15	16	17	18	Back	Total	+/-
Distance																							
Par																							
Name																							

Date:

Course:

		1	2	3	4	5	6	7	8	9	Front	10	11	12	13	14	15	16	17	18	Back	Total	+/-
Distance																							
Par																							
Name																							

Date:

Course:

		1	2	3	4	5	6	7	8	9	Front	10	11	12	13	14	15	16	17	18	Back	Total	+/-
Distance																							
Par																							
Name																							

Disc Golf

Date: _____

Course: _____

	1	2	3	4	5	6	7	8	9	Front	10	11	12	13	14	15	16	17	18	Back	Total	+/-
Distance																						
Par																						
Name																						

Date: _____

Course: _____

	1	2	3	4	5	6	7	8	9	Front	10	11	12	13	14	15	16	17	18	Back	Total	+/-
Distance																						
Par																						
Name																						

Date: _____

Course: _____

	1	2	3	4	5	6	7	8	9	Front	10	11	12	13	14	15	16	17	18	Back	Total	+/-
Distance																						
Par																						
Name																						

Disc Golf

Course: _____

Name	1	2	3	4	5	6	7	8	9	Front	10	11	12	13	14	15	16	17	18	Back	Total	+/-
Distance																						
Par																						

Course: _____

Date: _____

Name	1	2	3	4	5	6	7	8	9	Front	10	11	12	13	14	15	16	17	18	Back	Total	+/-
Distance																						
Par																						

Course: _____

Date: _____

Name	1	2	3	4	5	6	7	8	9	Front	10	11	12	13	14	15	16	17	18	Back	Total	+/-
Distance																						
Par																						

Disc Golf

Date: **Course:**

Name	1	2	3	4	5	6	7	8	9	Front	10	11	12	13	14	15	16	17	18	Back	Total	+/-
Distance																						
Par																						

Date: **Course:**

Name	1	2	3	4	5	6	7	8	9	Front	10	11	12	13	14	15	16	17	18	Back	Total	+/-
Distance																						
Par																						

Date: **Course:**

Name	1	2	3	4	5	6	7	8	9	Front	10	11	12	13	14	15	16	17	18	Back	Total	+/-
Distance																						
Par																						

Disc Golf

Course:

Date:

	1	2	3	4	5	6	7	8	9	Front	10	11	12	13	14	15	16	17	18	Back	Total	+/-
Distance																						
Par																						
Name																						

Course:

Date:

	1	2	3	4	5	6	7	8	9	Front	10	11	12	13	14	15	16	17	18	Back	Total	+/-
Distance																						
Par																						
Name																						

Course:

Date:

	1	2	3	4	5	6	7	8	9	Front	10	11	12	13	14	15	16	17	18	Back	Total	+/-
Distance																						
Par																						
Name																						

Disc Golf

Course:

Date:

	1	2	3	4	5	6	7	8	9	Front	10	11	12	13	14	15	16	17	18	Back	Total	+/-
Distance																						
Par																						
Name																						

Course:

Date:

	1	2	3	4	5	6	7	8	9	Front	10	11	12	13	14	15	16	17	18	Back	Total	+/-
Distance																						
Par																						
Name																						

Course:

Date:

	1	2	3	4	5	6	7	8	9	Front	10	11	12	13	14	15	16	17	18	Back	Total	+/-
Distance																						
Par																						
Name																						

Disc Golf

Course: _____ **Date:** _____

	1	2	3	4	5	6	7	8	9	Front	10	11	12	13	14	15	16	17	18	Back	Total	+/-
Distance																						
Par																						
Name																						

Course: _____ **Date:** _____

	1	2	3	4	5	6	7	8	9	Front	10	11	12	13	14	15	16	17	18	Back	Total	+/-
Distance																						
Par																						
Name																						

Course: _____ **Date:** _____

	1	2	3	4	5	6	7	8	9	Front	10	11	12	13	14	15	16	17	18	Back	Total	+/-
Distance																						
Par																						
Name																						

Disc Golf

Date:

Course:

	1	2	3	4	5	6	7	8	9	Front	10	11	12	13	14	15	16	17	18	Back	Total	+/-
Distance																						
Par																						
Name																						

Date:

Course:

	1	2	3	4	5	6	7	8	9	Front	10	11	12	13	14	15	16	17	18	Back	Total	+/-
Distance																						
Par																						
Name																						

Date:

Course:

	1	2	3	4	5	6	7	8	9	Front	10	11	12	13	14	15	16	17	18	Back	Total	+/-
Distance																						
Par																						
Name																						

Disc Golf

Course:

Date:

	1	2	3	4	5	6	7	8	9	Front	10	11	12	13	14	15	16	17	18	Back	Total	+/-
Distance																						
Par																						
Name																						

Course:

Date:

	1	2	3	4	5	6	7	8	9	Front	10	11	12	13	14	15	16	17	18	Back	Total	+/-
Distance																						
Par																						
Name																						

Course:

Date:

	1	2	3	4	5	6	7	8	9	Front	10	11	12	13	14	15	16	17	18	Back	Total	+/-
Distance																						
Par																						
Name																						

Disc Golf

Date: **Course:**

	1	2	3	4	5	6	7	8	9	Front	10	11	12	13	14	15	16	17	18	Back	Total	+/-
Distance																						
Par																						
Name																						

Date: **Course:**

	1	2	3	4	5	6	7	8	9	Front	10	11	12	13	14	15	16	17	18	Back	Total	+/-
Distance																						
Par																						
Name																						

Date: **Course:**

	1	2	3	4	5	6	7	8	9	Front	10	11	12	13	14	15	16	17	18	Back	Total	+/-
Distance																						
Par																						
Name																						

Disc Golf

Date: **Course:**

	1	2	3	4	5	6	7	8	9	Front	10	11	12	13	14	15	16	17	18	Back	Total	+/-
Distance																						
Par																						
Name																						

Date: **Course:**

	1	2	3	4	5	6	7	8	9	Front	10	11	12	13	14	15	16	17	18	Back	Total	+/-
Distance																						
Par																						
Name																						

Date: **Course:**

	1	2	3	4	5	6	7	8	9	Front	10	11	12	13	14	15	16	17	18	Back	Total	+/-
Distance																						
Par																						
Name																						

Disc Golf

Course: ___

Date: ___

	1	2	3	4	5	6	7	8	9	Front	10	11	12	13	14	15	16	17	18	Back	Total	+/-
Distance																						
Par																						
Name																						

Course: ___

Date: ___

	1	2	3	4	5	6	7	8	9	Front	10	11	12	13	14	15	16	17	18	Back	Total	+/-
Distance																						
Par																						
Name																						

Course: ___

Date: ___

	1	2	3	4	5	6	7	8	9	Front	10	11	12	13	14	15	16	17	18	Back	Total	+/-
Distance																						
Par																						
Name																						

Disc Golf

Date: **Course:**

	1	2	3	4	5	6	7	8	9	Front	10	11	12	13	14	15	16	17	18	Back	Total	+/-
Distance																						
Par																						
Name																						

Date: **Course:**

	1	2	3	4	5	6	7	8	9	Front	10	11	12	13	14	15	16	17	18	Back	Total	+/-
Distance																						
Par																						
Name																						

Date: **Course:**

	1	2	3	4	5	6	7	8	9	Front	10	11	12	13	14	15	16	17	18	Back	Total	+/-
Distance																						
Par																						
Name																						

Disc Golf

Date: _____ **Course:** _____

	1	2	3	4	5	6	7	8	9	Front	10	11	12	13	14	15	16	17	18	Back	Total	+/-
Distance																						
Par																						
Name																						

Date: _____ **Course:** _____

	1	2	3	4	5	6	7	8	9	Front	10	11	12	13	14	15	16	17	18	Back	Total	+/-
Distance																						
Par																						
Name																						

Date: _____ **Course:** _____

	1	2	3	4	5	6	7	8	9	Front	10	11	12	13	14	15	16	17	18	Back	Total	+/-
Distance																						
Par																						
Name																						

Disc Golf

Date:

Course:

	1	2	3	4	5	6	7	8	9	Front	10	11	12	13	14	15	16	17	18	Back	Total	+/-
Distance																						
Par																						
Name																						

Date:

Course:

	1	2	3	4	5	6	7	8	9	Front	10	11	12	13	14	15	16	17	18	Back	Total	+/-
Distance																						
Par																						
Name																						

Date:

Course:

	1	2	3	4	5	6	7	8	9	Front	10	11	12	13	14	15	16	17	18	Back	Total	+/-
Distance																						
Par																						
Name																						

Disc Golf

Date: _____ Course: _____

	1	2	3	4	5	6	7	8	9	Front	10	11	12	13	14	15	16	17	18	Back	Total	+/-
Distance																						
Par																						
Name																						

Date: _____ Course: _____

	1	2	3	4	5	6	7	8	9	Front	10	11	12	13	14	15	16	17	18	Back	Total	+/-
Distance																						
Par																						
Name																						

Date: _____ Course: _____

	1	2	3	4	5	6	7	8	9	Front	10	11	12	13	14	15	16	17	18	Back	Total	+/-
Distance																						
Par																						
Name																						

Disc Golf

Course:

Date:

Distance																				
Par																				
Name	1	2	3	4	5	6	7	8	9	Front	10	11	12	13	14	15	16	17	18	Back Total	+/-

Course:

Date:

Distance																				
Par																				
Name	1	2	3	4	5	6	7	8	9	Front	10	11	12	13	14	15	16	17	18	Back Total	+/-

Course:

Date:

Distance																				
Par																				
Name	1	2	3	4	5	6	7	8	9	Front	10	11	12	13	14	15	16	17	18	Back Total	+/-

Disc Golf

Course:

Date:

Distance										Front	10	11	12	13	14	15	16	17	18	Back	Total	+/-
Par																						
Name	1	2	3	4	5	6	7	8	9													

Course:

Date:

Distance										Front	10	11	12	13	14	15	16	17	18	Back	Total	+/-
Par																						
Name	1	2	3	4	5	6	7	8	9													

Course:

Date:

Distance										Front	10	11	12	13	14	15	16	17	18	Back	Total	+/-
Par																						
Name	1	2	3	4	5	6	7	8	9													

Disc Golf

Date: _____ **Course:** _____

	1	2	3	4	5	6	7	8	9	Front	10	11	12	13	14	15	16	17	18	Back	Total	+/-
Distance																						
Par																						
Name																						

Date: _____ **Course:** _____

	1	2	3	4	5	6	7	8	9	Front	10	11	12	13	14	15	16	17	18	Back	Total	+/-
Distance																						
Par																						
Name																						

Date: _____ **Course:** _____

	1	2	3	4	5	6	7	8	9	Front	10	11	12	13	14	15	16	17	18	Back	Total	+/-
Distance																						
Par																						
Name																						

Disc Golf

Date: _____ **Course:** _____

	1	2	3	4	5	6	7	8	9	Front	10	11	12	13	14	15	16	17	18	Back	Total	+/-
Distance																						
Par																						
Name																						

Date: _____ **Course:** _____

	1	2	3	4	5	6	7	8	9	Front	10	11	12	13	14	15	16	17	18	Back	Total	+/-
Distance																						
Par																						
Name																						

Date: _____ **Course:** _____

	1	2	3	4	5	6	7	8	9	Front	10	11	12	13	14	15	16	17	18	Back	Total	+/-
Distance																						
Par																						
Name																						

Disc Golf

Course:

Date:

	1	2	3	4	5	6	7	8	9	Front	10	11	12	13	14	15	16	17	18	Back	Total	+/-
Distance																						
Par																						
Name																						

Course:

Date:

	1	2	3	4	5	6	7	8	9	Front	10	11	12	13	14	15	16	17	18	Back	Total	+/-
Distance																						
Par																						
Name																						

Course:

Date:

	1	2	3	4	5	6	7	8	9	Front	10	11	12	13	14	15	16	17	18	Back	Total	+/-
Distance																						
Par																						
Name																						

Disc Golf

Date: _____ **Course:** _____

	1	2	3	4	5	6	7	8	9	Front	10	11	12	13	14	15	16	17	18	Back	Total	+/-
Distance																						
Par																						
Name																						

Date: _____ **Course:** _____

	1	2	3	4	5	6	7	8	9	Front	10	11	12	13	14	15	16	17	18	Back	Total	+/-
Distance																						
Par																						
Name																						

Date: _____ **Course:** _____

	1	2	3	4	5	6	7	8	9	Front	10	11	12	13	14	15	16	17	18	Back	Total	+/-
Distance																						
Par																						
Name																						

Disc Golf

Date: **Course:**

	1	2	3	4	5	6	7	8	9	Front	10	11	12	13	14	15	16	17	18	Back	Total	+/-
Distance																						
Par																						
Name																						

Date: **Course:**

	1	2	3	4	5	6	7	8	9	Front	10	11	12	13	14	15	16	17	18	Back	Total	+/-
Distance																						
Par																						
Name																						

Date: **Course:**

	1	2	3	4	5	6	7	8	9	Front	10	11	12	13	14	15	16	17	18	Back	Total	+/-
Distance																						
Par																						
Name																						

Disc Golf

Course: _____

Date: _____

	1	2	3	4	5	6	7	8	9	Front	10	11	12	13	14	15	16	17	18	Back	Total	+/-
Distance																						
Par																						
Name																						

Course: _____

Date: _____

	1	2	3	4	5	6	7	8	9	Front	10	11	12	13	14	15	16	17	18	Back	Total	+/-
Distance																						
Par																						
Name																						

Course: _____

Date: _____

	1	2	3	4	5	6	7	8	9	Front	10	11	12	13	14	15	16	17	18	Back	Total	+/-
Distance																						
Par																						
Name																						

Disc Golf

Course: ___ **Date:** ___

Distance										Front	10	11	12	13	14	15	16	17	18	Back	Total	+/-
Par																						
Name	1	2	3	4	5	6	7	8	9		10	11	12	13	14	15	16	17	18			

Course: ___ **Date:** ___

Distance										Front	10	11	12	13	14	15	16	17	18	Back	Total	+/-
Par																						
Name	1	2	3	4	5	6	7	8	9		10	11	12	13	14	15	16	17	18			

Course: ___ **Date:** ___

Distance										Front	10	11	12	13	14	15	16	17	18	Back	Total	+/-
Par																						
Name	1	2	3	4	5	6	7	8	9		10	11	12	13	14	15	16	17	18			

Disc Golf

Date: _____ **Course:** _____

Name	1	2	3	4	5	6	7	8	9	Front	10	11	12	13	14	15	16	17	18	Back	Total	+/-
Distance																						
Par																						

Date: _____ **Course:** _____

Name	1	2	3	4	5	6	7	8	9	Front	10	11	12	13	14	15	16	17	18	Back	Total	+/-
Distance																						
Par																						

Date: _____ **Course:** _____

Name	1	2	3	4	5	6	7	8	9	Front	10	11	12	13	14	15	16	17	18	Back	Total	+/-
Distance																						
Par																						

Disc Golf

Course:

Date:

	1	2	3	4	5	6	7	8	9	Front	10	11	12	13	14	15	16	17	18	Back	Total	+/-
Distance																						
Par																						
Name																						

Course:

Date:

	1	2	3	4	5	6	7	8	9	Front	10	11	12	13	14	15	16	17	18	Back	Total	+/-
Distance																						
Par																						
Name																						

Course:

Date:

	1	2	3	4	5	6	7	8	9	Front	10	11	12	13	14	15	16	17	18	Back	Total	+/-
Distance																						
Par																						
Name																						

Disc Golf

Course:

Date:

	1	2	3	4	5	6	7	8	9	Front	10	11	12	13	14	15	16	17	18	Back	Total	+/-
Distance																						
Par																						
Name																						

Course:

Date:

	1	2	3	4	5	6	7	8	9	Front	10	11	12	13	14	15	16	17	18	Back	Total	+/-
Distance																						
Par																						
Name																						

Course:

Date:

	1	2	3	4	5	6	7	8	9	Front	10	11	12	13	14	15	16	17	18	Back	Total	+/-
Distance																						
Par																						
Name																						

Disc Golf

Date: Course:

	1	2	3	4	5	6	7	8	9	Front	10	11	12	13	14	15	16	17	18	Back	Total	+/-
Distance																						
Par																						
Name																						

Date: Course:

	1	2	3	4	5	6	7	8	9	Front	10	11	12	13	14	15	16	17	18	Back	Total	+/-
Distance																						
Par																						
Name																						

Date: Course:

	1	2	3	4	5	6	7	8	9	Front	10	11	12	13	14	15	16	17	18	Back	Total	+/-
Distance																						
Par																						
Name																						

Disc Golf

Course:

Date:

Name	1	2	3	4	5	6	7	8	9	Front	10	11	12	13	14	15	16	17	18	Back	Total	+/-
Distance																						
Par																						

Course:

Date:

Name	1	2	3	4	5	6	7	8	9	Front	10	11	12	13	14	15	16	17	18	Back	Total	+/-
Distance																						
Par																						

Course:

Date:

Name	1	2	3	4	5	6	7	8	9	Front	10	11	12	13	14	15	16	17	18	Back	Total	+/-
Distance																						
Par																						

Disc Golf

Course:

Date:

Distance										Front									Back	Total	+/-
Par																					
Name	1	2	3	4	5	6	7	8	9		10	11	12	13	14	15	16	17	18			

Course:

Date:

Distance										Front									Back	Total	+/-
Par																					
Name	1	2	3	4	5	6	7	8	9		10	11	12	13	14	15	16	17	18			

Course:

Date:

Distance										Front									Back	Total	+/-
Par																					
Name	1	2	3	4	5	6	7	8	9		10	11	12	13	14	15	16	17	18			

Disc Golf

Date: _____ **Course:** _____

	1	2	3	4	5	6	7	8	9	Front	10	11	12	13	14	15	16	17	18	Back	Total	+/-
Distance																						
Par																						
Name																						

Date: _____ **Course:** _____

	1	2	3	4	5	6	7	8	9	Front	10	11	12	13	14	15	16	17	18	Back	Total	+/-
Distance																						
Par																						
Name																						

Date: _____ **Course:** _____

	1	2	3	4	5	6	7	8	9	Front	10	11	12	13	14	15	16	17	18	Back	Total	+/-
Distance																						
Par																						
Name																						

Disc Golf

Course: _____   Date: _____

	1	2	3	4	5	6	7	8	9	Front	10	11	12	13	14	15	16	17	18	Back	Total	+/-
Distance																						
Par																						
Name																						

Course: _____   Date: _____

	1	2	3	4	5	6	7	8	9	Front	10	11	12	13	14	15	16	17	18	Back	Total	+/-
Distance																						
Par																						
Name																						

Course: _____   Date: _____

	1	2	3	4	5	6	7	8	9	Front	10	11	12	13	14	15	16	17	18	Back	Total	+/-
Distance																						
Par																						
Name																						

Disc Golf

Date:

Course:

	1	2	3	4	5	6	7	8	9	Front	10	11	12	13	14	15	16	17	18	Back	Total	+/-
Distance																						
Par																						
Name																						

Date:

Course:

	1	2	3	4	5	6	7	8	9	Front	10	11	12	13	14	15	16	17	18	Back	Total	+/-
Distance																						
Par																						
Name																						

Date:

Course:

	1	2	3	4	5	6	7	8	9	Front	10	11	12	13	14	15	16	17	18	Back	Total	+/-
Distance																						
Par																						
Name																						

Disc Golf

Date: _____ **Course:** _____

	1	2	3	4	5	6	7	8	9	Front	10	11	12	13	14	15	16	17	18	Back	Total	+/-
Distance																						
Par																						
Name																						

Date: _____ **Course:** _____

	1	2	3	4	5	6	7	8	9	Front	10	11	12	13	14	15	16	17	18	Back	Total	+/-
Distance																						
Par																						
Name																						

Date: _____ **Course:** _____

	1	2	3	4	5	6	7	8	9	Front	10	11	12	13	14	15	16	17	18	Back	Total	+/-
Distance																						
Par																						
Name																						

Disc Golf

Date: ____ **Course:** ____

	1	2	3	4	5	6	7	8	9	Front	10	11	12	13	14	15	16	17	18	Back	Total	+/-
Distance																						
Par																						
Name																						

Date: ____ **Course:** ____

	1	2	3	4	5	6	7	8	9	Front	10	11	12	13	14	15	16	17	18	Back	Total	+/-
Distance																						
Par																						
Name																						

Date: ____ **Course:** ____

	1	2	3	4	5	6	7	8	9	Front	10	11	12	13	14	15	16	17	18	Back	Total	+/-
Distance																						
Par																						
Name																						

Disc Golf

Date:

Course:

	1	2	3	4	5	6	7	8	9	Front	10	11	12	13	14	15	16	17	18	Back	Total	+/-
Distance																						
Par																						
Name																						

Date:

Course:

	1	2	3	4	5	6	7	8	9	Front	10	11	12	13	14	15	16	17	18	Back	Total	+/-
Distance																						
Par																						
Name																						

Date:

Course:

	1	2	3	4	5	6	7	8	9	Front	10	11	12	13	14	15	16	17	18	Back	Total	+/-
Distance																						
Par																						
Name																						

Disc Golf

Date: _____ **Course:** _____

		1	2	3	4	5	6	7	8	9	Front	10	11	12	13	14	15	16	17	18	Back	Total	+/-
Distance																							
Par																							
Name																							

Date: _____ **Course:** _____

		1	2	3	4	5	6	7	8	9	Front	10	11	12	13	14	15	16	17	18	Back	Total	+/-
Distance																							
Par																							
Name																							

Date: _____ **Course:** _____

		1	2	3	4	5	6	7	8	9	Front	10	11	12	13	14	15	16	17	18	Back	Total	+/-
Distance																							
Par																							
Name																							

Disc Golf

Course: _____ **Date:** _____

Hole	1	2	3	4	5	6	7	8	9	Front	10	11	12	13	14	15	16	17	18	Back	Total	+/-
Distance																						
Par																						
Name																						

Course: _____ **Date:** _____

Hole	1	2	3	4	5	6	7	8	9	Front	10	11	12	13	14	15	16	17	18	Back	Total	+/-
Distance																						
Par																						
Name																						

Course: _____ **Date:** _____

Hole	1	2	3	4	5	6	7	8	9	Front	10	11	12	13	14	15	16	17	18	Back	Total	+/-
Distance																						
Par																						
Name																						

Disc Golf

Date: ___ **Course:** ___

	1	2	3	4	5	6	7	8	9	Front	10	11	12	13	14	15	16	17	18	Back	Total	+/-
Distance																						
Par																						
Name																						

Date: ___ **Course:** ___

	1	2	3	4	5	6	7	8	9	Front	10	11	12	13	14	15	16	17	18	Back	Total	+/-
Distance																						
Par																						
Name																						

Date: ___ **Course:** ___

	1	2	3	4	5	6	7	8	9	Front	10	11	12	13	14	15	16	17	18	Back	Total	+/-
Distance																						
Par																						
Name																						

Disc Golf

Course:

Date:

Distance										Front	10	11	12	13	14	15	16	17	18	Back	Total	+/-
Par																						
Name	1	2	3	4	5	6	7	8	9													

Course:

Date:

Distance										Front	10	11	12	13	14	15	16	17	18	Back	Total	+/-
Par																						
Name	1	2	3	4	5	6	7	8	9													

Course:

Date:

Distance										Front	10	11	12	13	14	15	16	17	18	Back	Total	+/-
Par																						
Name	1	2	3	4	5	6	7	8	9													

Disc Golf

Course:

Date:

Distance										Front										Back	Total	+/-
Par																						
Name	1	2	3	4	5	6	7	8	9		10	11	12	13	14	15	16	17	18			

Course:

Date:

Distance										Front										Back	Total	+/-
Par																						
Name	1	2	3	4	5	6	7	8	9		10	11	12	13	14	15	16	17	18			

Course:

Date:

Distance										Front										Back	Total	+/-
Par																						
Name	1	2	3	4	5	6	7	8	9		10	11	12	13	14	15	16	17	18			

Disc Golf

Date: _____ **Course:** _____

	1	2	3	4	5	6	7	8	9	Front	10	11	12	13	14	15	16	17	18	Back	Total	+/-
Distance																						
Par																						
Name																						

Date: _____ **Course:** _____

	1	2	3	4	5	6	7	8	9	Front	10	11	12	13	14	15	16	17	18	Back	Total	+/-
Distance																						
Par																						
Name																						

Date: _____ **Course:** _____

	1	2	3	4	5	6	7	8	9	Front	10	11	12	13	14	15	16	17	18	Back	Total	+/-
Distance																						
Par																						
Name																						

Disc Golf

Date: _____ **Course:** _____

	1	2	3	4	5	6	7	8	9	Front	10	11	12	13	14	15	16	17	18	Back	Total	+/-
Distance																						
Par																						
Name																						

Date: _____ **Course:** _____

	1	2	3	4	5	6	7	8	9	Front	10	11	12	13	14	15	16	17	18	Back	Total	+/-
Distance																						
Par																						
Name																						

Date: _____ **Course:** _____

	1	2	3	4	5	6	7	8	9	Front	10	11	12	13	14	15	16	17	18	Back	Total	+/-
Distance																						
Par																						
Name																						

Disc Golf

Course: _____ **Date:** _____

Name	1	2	3	4	5	6	7	8	9	Front	10	11	12	13	14	15	16	17	18	Back	Total	+/-
Distance																						
Par																						

Course: _____ **Date:** _____

Name	1	2	3	4	5	6	7	8	9	Front	10	11	12	13	14	15	16	17	18	Back	Total	+/-
Distance																						
Par																						

Course: _____ **Date:** _____

Name	1	2	3	4	5	6	7	8	9	Front	10	11	12	13	14	15	16	17	18	Back	Total	+/-
Distance																						
Par																						

Disc Golf

Course:

Date:

	1	2	3	4	5	6	7	8	9	Front	10	11	12	13	14	15	16	17	18	Back	Total	+/-
Distance																						
Par																						
Name																						

Course:

Date:

	1	2	3	4	5	6	7	8	9	Front	10	11	12	13	14	15	16	17	18	Back	Total	+/-
Distance																						
Par																						
Name																						

Course:

Date:

	1	2	3	4	5	6	7	8	9	Front	10	11	12	13	14	15	16	17	18	Back	Total	+/-
Distance																						
Par																						
Name																						

Disc Golf

Date: **Course:**

	1	2	3	4	5	6	7	8	9	Front	10	11	12	13	14	15	16	17	18	Back	Total	+/-
Distance																						
Par																						
Name																						

Date: **Course:**

	1	2	3	4	5	6	7	8	9	Front	10	11	12	13	14	15	16	17	18	Back	Total	+/-
Distance																						
Par																						
Name																						

Date: **Course:**

	1	2	3	4	5	6	7	8	9	Front	10	11	12	13	14	15	16	17	18	Back	Total	+/-
Distance																						
Par																						
Name																						

Disc Golf

Course: _____ Date: _____

	1	2	3	4	5	6	7	8	9	Front	10	11	12	13	14	15	16	17	18	Back	Total	+/-
Distance																						
Par																						
Name																						

Course: _____ Date: _____

	1	2	3	4	5	6	7	8	9	Front	10	11	12	13	14	15	16	17	18	Back	Total	+/-
Distance																						
Par																						
Name																						

Course: _____ Date: _____

	1	2	3	4	5	6	7	8	9	Front	10	11	12	13	14	15	16	17	18	Back	Total	+/-
Distance																						
Par																						
Name																						

Disc Golf

Course:

Date:

	1	2	3	4	5	6	7	8	9	Front	10	11	12	13	14	15	16	17	18	Back	Total	+/-
Distance																						
Par																						
Name																						

Course:

Date:

	1	2	3	4	5	6	7	8	9	Front	10	11	12	13	14	15	16	17	18	Back	Total	+/-
Distance																						
Par																						
Name																						

Course:

Date:

	1	2	3	4	5	6	7	8	9	Front	10	11	12	13	14	15	16	17	18	Back	Total	+/-
Distance																						
Par																						
Name																						

Disc Golf

Course:

Date:

	1	2	3	4	5	6	7	8	9	Front	10	11	12	13	14	15	16	17	18	Back	Total	+/-
Distance																						
Par																						
Name																						

Course:

Date:

	1	2	3	4	5	6	7	8	9	Front	10	11	12	13	14	15	16	17	18	Back	Total	+/-
Distance																						
Par																						
Name																						

Course:

Date:

	1	2	3	4	5	6	7	8	9	Front	10	11	12	13	14	15	16	17	18	Back	Total	+/-
Distance																						
Par																						
Name																						

Disc Golf

Course:

Date:

	1	2	3	4	5	6	7	8	9	Front	10	11	12	13	14	15	16	17	18	Back	Total	+/-
Distance																						
Par																						
Name																						

Course:

Date:

	1	2	3	4	5	6	7	8	9	Front	10	11	12	13	14	15	16	17	18	Back	Total	+/-
Distance																						
Par																						
Name																						

Course:

Date:

	1	2	3	4	5	6	7	8	9	Front	10	11	12	13	14	15	16	17	18	Back	Total	+/-
Distance																						
Par																						
Name																						

Disc Golf

Date: _____ **Course:** _____

	1	2	3	4	5	6	7	8	9	Front	10	11	12	13	14	15	16	17	18	Back	Total	+/-
Distance																						
Par																						
Name																						

Date: _____ **Course:** _____

	1	2	3	4	5	6	7	8	9	Front	10	11	12	13	14	15	16	17	18	Back	Total	+/-
Distance																						
Par																						
Name																						

Date: _____ **Course:** _____

	1	2	3	4	5	6	7	8	9	Front	10	11	12	13	14	15	16	17	18	Back	Total	+/-
Distance																						
Par																						
Name																						

Disc Golf

Course: ___ Date: ___

	1	2	3	4	5	6	7	8	9	Front	10	11	12	13	14	15	16	17	18	Back	Total	+/-
Distance																						
Par																						
Name																						

Course: ___ Date: ___

	1	2	3	4	5	6	7	8	9	Front	10	11	12	13	14	15	16	17	18	Back	Total	+/-
Distance																						
Par																						
Name																						

Course: ___ Date: ___

	1	2	3	4	5	6	7	8	9	Front	10	11	12	13	14	15	16	17	18	Back	Total	+/-
Distance																						
Par																						
Name																						

Disc Golf

Course:

Date:

	1	2	3	4	5	6	7	8	9	Front	10	11	12	13	14	15	16	17	18	Back	Total	+/-
Distance																						
Par																						
Name																						

Course:

Date:

	1	2	3	4	5	6	7	8	9	Front	10	11	12	13	14	15	16	17	18	Back	Total	+/-
Distance																						
Par																						
Name																						

Course:

Date:

	1	2	3	4	5	6	7	8	9	Front	10	11	12	13	14	15	16	17	18	Back	Total	+/-
Distance																						
Par																						
Name																						

Disc Golf

Course:

Date:

	1	2	3	4	5	6	7	8	9	Front	10	11	12	13	14	15	16	17	18	Back	Total	+/-
Distance																						
Par																						
Name																						

Course:

Date:

	1	2	3	4	5	6	7	8	9	Front	10	11	12	13	14	15	16	17	18	Back	Total	+/-
Distance																						
Par																						
Name																						

Course:

Date:

	1	2	3	4	5	6	7	8	9	Front	10	11	12	13	14	15	16	17	18	Back	Total	+/-
Distance																						
Par																						
Name																						

Disc Golf

Date: _____ **Course:** _____

	1	2	3	4	5	6	7	8	9	Front	10	11	12	13	14	15	16	17	18	Back	Total	+/-
Distance																						
Par																						
Name																						

Date: _____ **Course:** _____

	1	2	3	4	5	6	7	8	9	Front	10	11	12	13	14	15	16	17	18	Back	Total	+/-
Distance																						
Par																						
Name																						

Date: _____ **Course:** _____

	1	2	3	4	5	6	7	8	9	Front	10	11	12	13	14	15	16	17	18	Back	Total	+/-
Distance																						
Par																						
Name																						

Disc Golf

Course:

Date:

	1	2	3	4	5	6	7	8	9	Front	10	11	12	13	14	15	16	17	18	Back	Total	+/-
Distance																						
Par																						
Name																						

Course:

Date:

	1	2	3	4	5	6	7	8	9	Front	10	11	12	13	14	15	16	17	18	Back	Total	+/-
Distance																						
Par																						
Name																						

Course:

Date:

	1	2	3	4	5	6	7	8	9	Front	10	11	12	13	14	15	16	17	18	Back	Total	+/-
Distance																						
Par																						
Name																						

Disc Golf

Course:

Date:

Distance										Front	10	11	12	13	14	15	16	17	18	Back	Total	+/-
Par																						
Name	1	2	3	4	5	6	7	8	9		10	11	12	13	14	15	16	17	18			

Course:

Date:

Distance										Front	10	11	12	13	14	15	16	17	18	Back	Total	+/-
Par																						
Name	1	2	3	4	5	6	7	8	9		10	11	12	13	14	15	16	17	18			

Course:

Date:

Distance										Front	10	11	12	13	14	15	16	17	18	Back	Total	+/-
Par																						
Name	1	2	3	4	5	6	7	8	9		10	11	12	13	14	15	16	17	18			

Disc Golf

Date: _____ **Course:** _____

	1	2	3	4	5	6	7	8	9	Front	10	11	12	13	14	15	16	17	18	Back	Total	+/-
Distance																						
Par																						
Name																						

Date: _____ **Course:** _____

	1	2	3	4	5	6	7	8	9	Front	10	11	12	13	14	15	16	17	18	Back	Total	+/-
Distance																						
Par																						
Name																						

Date: _____ **Course:** _____

	1	2	3	4	5	6	7	8	9	Front	10	11	12	13	14	15	16	17	18	Back	Total	+/-
Distance																						
Par																						
Name																						

Disc Golf

Date: _____   Course: _____

	1	2	3	4	5	6	7	8	9	Front	10	11	12	13	14	15	16	17	18	Back	Total	+/-
Distance																						
Par																						
Name																						

Date: _____   Course: _____

	1	2	3	4	5	6	7	8	9	Front	10	11	12	13	14	15	16	17	18	Back	Total	+/-
Distance																						
Par																						
Name																						

Date: _____   Course: _____

	1	2	3	4	5	6	7	8	9	Front	10	11	12	13	14	15	16	17	18	Back	Total	+/-
Distance																						
Par																						
Name																						

Disc Golf

Date: **Course:**

	1	2	3	4	5	6	7	8	9	Front	10	11	12	13	14	15	16	17	18	Back	Total	+/-
Distance																						
Par																						
Name																						

Date: **Course:**

	1	2	3	4	5	6	7	8	9	Front	10	11	12	13	14	15	16	17	18	Back	Total	+/-
Distance																						
Par																						
Name																						

Date: **Course:**

	1	2	3	4	5	6	7	8	9	Front	10	11	12	13	14	15	16	17	18	Back	Total	+/-
Distance																						
Par																						
Name																						

Disc Golf

Date: ___ Course: ___

Name	1	2	3	4	5	6	7	8	9	Front	10	11	12	13	14	15	16	17	18	Back	Total	+/-
Distance																						
Par																						

Date: ___ Course: ___

Name	1	2	3	4	5	6	7	8	9	Front	10	11	12	13	14	15	16	17	18	Back	Total	+/-
Distance																						
Par																						

Date: ___ Course: ___

Name	1	2	3	4	5	6	7	8	9	Front	10	11	12	13	14	15	16	17	18	Back	Total	+/-
Distance																						
Par																						

Disc Golf

Course:

Date:

	1	2	3	4	5	6	7	8	9	Front	10	11	12	13	14	15	16	17	18	Back	Total	+/-
Distance																						
Par																						
Name																						

Course:

Date:

	1	2	3	4	5	6	7	8	9	Front	10	11	12	13	14	15	16	17	18	Back	Total	+/-
Distance																						
Par																						
Name																						

Course:

Date:

	1	2	3	4	5	6	7	8	9	Front	10	11	12	13	14	15	16	17	18	Back	Total	+/-
Distance																						
Par																						
Name																						

Disc Golf

Date: _____ **Course:** _____

Distance																					
Par																					
Name	1	2	3	4	5	6	7	8	9	Front	10	11	12	13	14	15	16	17	18	Back	Total	+/-

Date: _____ **Course:** _____

Distance																					
Par																					
Name	1	2	3	4	5	6	7	8	9	Front	10	11	12	13	14	15	16	17	18	Back	Total	+/-

Date: _____ **Course:** _____

Distance																					
Par																					
Name	1	2	3	4	5	6	7	8	9	Front	10	11	12	13	14	15	16	17	18	Back	Total	+/-

Disc Golf

Date: _____ **Course:** _____

	1	2	3	4	5	6	7	8	9	Front	10	11	12	13	14	15	16	17	18	Back	Total	+/-
Distance																						
Par																						
Name																						

Date: _____ **Course:** _____

	1	2	3	4	5	6	7	8	9	Front	10	11	12	13	14	15	16	17	18	Back	Total	+/-
Distance																						
Par																						
Name																						

Date: _____ **Course:** _____

	1	2	3	4	5	6	7	8	9	Front	10	11	12	13	14	15	16	17	18	Back	Total	+/-
Distance																						
Par																						
Name																						

Disc Golf

Course: _____

Date: _____

	1	2	3	4	5	6	7	8	9	Front	10	11	12	13	14	15	16	17	18	Back	Total	+/-
Distance																						
Par																						
Name																						

Course: _____

Date: _____

	1	2	3	4	5	6	7	8	9	Front	10	11	12	13	14	15	16	17	18	Back	Total	+/-
Distance																						
Par																						
Name																						

Course: _____

Date: _____

	1	2	3	4	5	6	7	8	9	Front	10	11	12	13	14	15	16	17	18	Back	Total	+/-
Distance																						
Par																						
Name																						

Disc Golf

Course:

Date:

	1	2	3	4	5	6	7	8	9	Front	10	11	12	13	14	15	16	17	18	Back	Total	+/-
Distance																						
Par																						
Name																						

Course:

Date:

	1	2	3	4	5	6	7	8	9	Front	10	11	12	13	14	15	16	17	18	Back	Total	+/-
Distance																						
Par																						
Name																						

Course:

Date:

	1	2	3	4	5	6	7	8	9	Front	10	11	12	13	14	15	16	17	18	Back	Total	+/-
Distance																						
Par																						
Name																						

Disc Golf

Course:

Date:

		1	2	3	4	5	6	7	8	9	Front	10	11	12	13	14	15	16	17	18	Back	Total	+/-
Distance																								
Par																								
Name																								

Course:

Date:

		1	2	3	4	5	6	7	8	9	Front	10	11	12	13	14	15	16	17	18	Back	Total	+/-
Distance																								
Par																								
Name																								

Course:

Date:

		1	2	3	4	5	6	7	8	9	Front	10	11	12	13	14	15	16	17	18	Back	Total	+/-
Distance																								
Par																								
Name																								

Disc Golf

Course: _____ **Date:** _____

	1	2	3	4	5	6	7	8	9	Front	10	11	12	13	14	15	16	17	18	Back	Total	+/-
Distance																						
Par																						
Name																						

Course: _____ **Date:** _____

	1	2	3	4	5	6	7	8	9	Front	10	11	12	13	14	15	16	17	18	Back	Total	+/-
Distance																						
Par																						
Name																						

Course: _____ **Date:** _____

	1	2	3	4	5	6	7	8	9	Front	10	11	12	13	14	15	16	17	18	Back	Total	+/-
Distance																						
Par																						
Name																						

Disc Golf

Course:

Date:

	1	2	3	4	5	6	7	8	9	Front	10	11	12	13	14	15	16	17	18	Back	Total	+/-
Distance																						
Par																						
Name																						

Course:

Date:

	1	2	3	4	5	6	7	8	9	Front	10	11	12	13	14	15	16	17	18	Back	Total	+/-
Distance																						
Par																						
Name																						

Course:

Date:

	1	2	3	4	5	6	7	8	9	Front	10	11	12	13	14	15	16	17	18	Back	Total	+/-
Distance																						
Par																						
Name																						

Disc Golf

Date: **Course:**

	1	2	3	4	5	6	7	8	9	Front	10	11	12	13	14	15	16	17	18	Back	Total	+/-
Distance																						
Par																						
Name																						

Date: **Course:**

	1	2	3	4	5	6	7	8	9	Front	10	11	12	13	14	15	16	17	18	Back	Total	+/-
Distance																						
Par																						
Name																						

Date: **Course:**

	1	2	3	4	5	6	7	8	9	Front	10	11	12	13	14	15	16	17	18	Back	Total	+/-
Distance																						
Par																						
Name																						

Disc Golf

Date: _____ **Course:** _____

Name	1	2	3	4	5	6	7	8	9	Front	10	11	12	13	14	15	16	17	18	Back	Total	+/-
Distance																						
Par																						

Date: _____ **Course:** _____

Name	1	2	3	4	5	6	7	8	9	Front	10	11	12	13	14	15	16	17	18	Back	Total	+/-
Distance																						
Par																						

Date: _____ **Course:** _____

Name	1	2	3	4	5	6	7	8	9	Front	10	11	12	13	14	15	16	17	18	Back	Total	+/-
Distance																						
Par																						

Disc Golf

Course:

Date:

	1	2	3	4	5	6	7	8	9	Front	10	11	12	13	14	15	16	17	18	Back	Total	+/-
Distance																						
Par																						
Name																						

Course:

Date:

	1	2	3	4	5	6	7	8	9	Front	10	11	12	13	14	15	16	17	18	Back	Total	+/-
Distance																						
Par																						
Name																						

Course:

Date:

	1	2	3	4	5	6	7	8	9	Front	10	11	12	13	14	15	16	17	18	Back	Total	+/-
Distance																						
Par																						
Name																						

Disc Golf

Course:

Date:

	1	2	3	4	5	6	7	8	9	Front	10	11	12	13	14	15	16	17	18	Back	Total	+/-
Distance																						
Par																						
Name																						

Course:

Date:

	1	2	3	4	5	6	7	8	9	Front	10	11	12	13	14	15	16	17	18	Back	Total	+/-
Distance																						
Par																						
Name																						

Course:

Date:

	1	2	3	4	5	6	7	8	9	Front	10	11	12	13	14	15	16	17	18	Back	Total	+/-
Distance																						
Par																						
Name																						

Disc Golf

Date: _____ **Course:** _____

	1	2	3	4	5	6	7	8	9	Front	10	11	12	13	14	15	16	17	18	Back	Total	+/-
Distance																						
Par																						
Name																						

Date: _____ **Course:** _____

	1	2	3	4	5	6	7	8	9	Front	10	11	12	13	14	15	16	17	18	Back	Total	+/-
Distance																						
Par																						
Name																						

Date: _____ **Course:** _____

	1	2	3	4	5	6	7	8	9	Front	10	11	12	13	14	15	16	17	18	Back	Total	+/-
Distance																						
Par																						
Name																						

Disc Golf

Course:

Date:

Distance																					
Par																					
Name	1	2	3	4	5	6	7	8	9	Front	10	11	12	13	14	15	16	17	18	Back	Total	+/-

Course:

Date:

Distance																					
Par																					
Name	1	2	3	4	5	6	7	8	9	Front	10	11	12	13	14	15	16	17	18	Back	Total	+/-

Course:

Date:

Distance																					
Par																					
Name	1	2	3	4	5	6	7	8	9	Front	10	11	12	13	14	15	16	17	18	Back	Total	+/-

Disc Golf

Date: _____ **Course:** _____

	1	2	3	4	5	6	7	8	9	Front	10	11	12	13	14	15	16	17	18	Back	Total	+/-
Distance																						
Par																						
Name																						

Date: _____ **Course:** _____

	1	2	3	4	5	6	7	8	9	Front	10	11	12	13	14	15	16	17	18	Back	Total	+/-
Distance																						
Par																						
Name																						

Date: _____ **Course:** _____

	1	2	3	4	5	6	7	8	9	Front	10	11	12	13	14	15	16	17	18	Back	Total	+/-
Distance																						
Par																						
Name																						

Disc Golf

Course:

Date:

	1	2	3	4	5	6	7	8	9	Front	10	11	12	13	14	15	16	17	18	Back	Total	+/-
Distance																						
Par																						
Name																						

Course:

Date:

	1	2	3	4	5	6	7	8	9	Front	10	11	12	13	14	15	16	17	18	Back	Total	+/-
Distance																						
Par																						
Name																						

Course:

Date:

	1	2	3	4	5	6	7	8	9	Front	10	11	12	13	14	15	16	17	18	Back	Total	+/-
Distance																						
Par																						
Name																						

Disc Golf

Date: **Course:**

	1	2	3	4	5	6	7	8	9	Front	10	11	12	13	14	15	16	17	18	Back	Total	+/-
Distance																						
Par																						
Name																						

Date: **Course:**

	1	2	3	4	5	6	7	8	9	Front	10	11	12	13	14	15	16	17	18	Back	Total	+/-
Distance																						
Par																						
Name																						

Date: **Course:**

	1	2	3	4	5	6	7	8	9	Front	10	11	12	13	14	15	16	17	18	Back	Total	+/-
Distance																						
Par																						
Name																						

Disc Golf

Date: **Course:**

	1	2	3	4	5	6	7	8	9	Front	10	11	12	13	14	15	16	17	18	Back	Total	+/-
Distance																						
Par																						
Name																						

Date: **Course:**

	1	2	3	4	5	6	7	8	9	Front	10	11	12	13	14	15	16	17	18	Back	Total	+/-
Distance																						
Par																						
Name																						

Date: **Course:**

	1	2	3	4	5	6	7	8	9	Front	10	11	12	13	14	15	16	17	18	Back	Total	+/-
Distance																						
Par																						
Name																						

Disc Golf

Course: **Date:**

	1	2	3	4	5	6	7	8	9	Front	10	11	12	13	14	15	16	17	18	Back	Total	+/-
Distance																						
Par																						
Name																						

Course: **Date:**

	1	2	3	4	5	6	7	8	9	Front	10	11	12	13	14	15	16	17	18	Back	Total	+/-
Distance																						
Par																						
Name																						

Course: **Date:**

	1	2	3	4	5	6	7	8	9	Front	10	11	12	13	14	15	16	17	18	Back	Total	+/-
Distance																						
Par																						
Name																						

Disc Golf

Course: _____ **Date:** _____

Distance										Front	10	11	12	13	14	15	16	17	18		Back	Total	
Par																								
Name	1	2	3	4	5	6	7	8	9														+/-

Course: _____ **Date:** _____

Distance										Front	10	11	12	13	14	15	16	17	18		Back	Total	
Par																								
Name	1	2	3	4	5	6	7	8	9														+/-

Course: _____ **Date:** _____

Distance										Front	10	11	12	13	14	15	16	17	18		Back	Total	
Par																								
Name	1	2	3	4	5	6	7	8	9														+/-

Disc Golf

Course:

Date:

Distance																				
Par																				
Name	1	2	3	4	5	6	7	8	9	Front	10	11	12	13	14	15	16	17	18	Back	Total	+/-

Course:

Date:

Distance																				
Par																				
Name	1	2	3	4	5	6	7	8	9	Front	10	11	12	13	14	15	16	17	18	Back	Total	+/-

Course:

Date:

Distance																				
Par																				
Name	1	2	3	4	5	6	7	8	9	Front	10	11	12	13	14	15	16	17	18	Back	Total	+/-

Disc Golf

Course:

Date:

	1	2	3	4	5	6	7	8	9	Front	10	11	12	13	14	15	16	17	18	Back	Total	+/-
Distance																						
Par																						
Name																						

Course:

Date:

	1	2	3	4	5	6	7	8	9	Front	10	11	12	13	14	15	16	17	18	Back	Total	+/-
Distance																						
Par																						
Name																						

Course:

Date:

	1	2	3	4	5	6	7	8	9	Front	10	11	12	13	14	15	16	17	18	Back	Total	+/-
Distance																						
Par																						
Name																						

Disc Golf

Date: _____ **Course:** _____

	1	2	3	4	5	6	7	8	9	Front	10	11	12	13	14	15	16	17	18	Back	Total	+/-
Distance																						
Par																						
Name																						

Date: _____ **Course:** _____

	1	2	3	4	5	6	7	8	9	Front	10	11	12	13	14	15	16	17	18	Back	Total	+/-
Distance																						
Par																						
Name																						

Date: _____ **Course:** _____

	1	2	3	4	5	6	7	8	9	Front	10	11	12	13	14	15	16	17	18	Back	Total	+/-
Distance																						
Par																						
Name																						

Disc Golf

Course:

Date:

		1	2	3	4	5	6	7	8	9	Front	10	11	12	13	14	15	16	17	18	Back	Total	+/-
Distance																							
Par																							
Name																							

Course:

Date:

		1	2	3	4	5	6	7	8	9	Front	10	11	12	13	14	15	16	17	18	Back	Total	+/-
Distance																							
Par																							
Name																							

Course:

Date:

		1	2	3	4	5	6	7	8	9	Front	10	11	12	13	14	15	16	17	18	Back	Total	+/-
Distance																							
Par																							
Name																							

Disc Golf

Course:

Date:

	1	2	3	4	5	6	7	8	9	Front	10	11	12	13	14	15	16	17	18	Back	Total	+/-
Distance																						
Par																						
Name																						

Course:

Date:

	1	2	3	4	5	6	7	8	9	Front	10	11	12	13	14	15	16	17	18	Back	Total	+/-
Distance																						
Par																						
Name																						

Course:

Date:

	1	2	3	4	5	6	7	8	9	Front	10	11	12	13	14	15	16	17	18	Back	Total	+/-
Distance																						
Par																						
Name																						

Disc Golf

Course: **Date:**

	1	2	3	4	5	6	7	8	9	Front	10	11	12	13	14	15	16	17	18	Back	Total	+/-
Distance																						
Par																						
Name																						

Course: **Date:**

	1	2	3	4	5	6	7	8	9	Front	10	11	12	13	14	15	16	17	18	Back	Total	+/-
Distance																						
Par																						
Name																						

Course: **Date:**

	1	2	3	4	5	6	7	8	9	Front	10	11	12	13	14	15	16	17	18	Back	Total	+/-
Distance																						
Par																						
Name																						

Disc Golf

Date: _____ **Course:** _____

	1	2	3	4	5	6	7	8	9	Front	10	11	12	13	14	15	16	17	18	Back	Total	+/-
Distance																						
Par																						
Name																						

Date: _____ **Course:** _____

	1	2	3	4	5	6	7	8	9	Front	10	11	12	13	14	15	16	17	18	Back	Total	+/-
Distance																						
Par																						
Name																						

Date: _____ **Course:** _____

	1	2	3	4	5	6	7	8	9	Front	10	11	12	13	14	15	16	17	18	Back	Total	+/-
Distance																						
Par																						
Name																						

Disc Golf

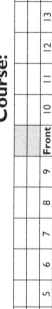

Course:

Date:

	1	2	3	4	5	6	7	8	9	Front	10	11	12	13	14	15	16	17	18	Back	Total	+/-
Distance																						
Par																						
Name																						

Course:

Date:

	1	2	3	4	5	6	7	8	9	Front	10	11	12	13	14	15	16	17	18	Back	Total	+/-
Distance																						
Par																						
Name																						

Course:

Date:

	1	2	3	4	5	6	7	8	9	Front	10	11	12	13	14	15	16	17	18	Back	Total	+/-
Distance																						
Par																						
Name																						

Disc Golf

Date: **Course:**

	1	2	3	4	5	6	7	8	9	Front	10	11	12	13	14	15	16	17	18	Back	Total	+/-
Distance																						
Par																						
Name																						

Date: **Course:**

	1	2	3	4	5	6	7	8	9	Front	10	11	12	13	14	15	16	17	18	Back	Total	+/-
Distance																						
Par																						
Name																						

Date: **Course:**

	1	2	3	4	5	6	7	8	9	Front	10	11	12	13	14	15	16	17	18	Back	Total	+/-
Distance																						
Par																						
Name																						

Disc Golf

Date: _____ **Course:** _____

Distance										Front	10	11	12	13	14	15	16	17	18	Back	Total	+/-
Par																							
Name	1	2	3	4	5	6	7	8	9														

Date: _____ **Course:** _____

Distance										Front	10	11	12	13	14	15	16	17	18	Back	Total	+/-
Par																							
Name	1	2	3	4	5	6	7	8	9														

Date: _____ **Course:** _____

Distance										Front	10	11	12	13	14	15	16	17	18	Back	Total	+/-
Par																							
Name	1	2	3	4	5	6	7	8	9														

Disc Golf

Course: _____

Date: _____

	1	2	3	4	5	6	7	8	9	Front	10	11	12	13	14	15	16	17	18	Back	Total	+/-
Distance																						
Par																						
Name																						

Course: _____

Date: _____

	1	2	3	4	5	6	7	8	9	Front	10	11	12	13	14	15	16	17	18	Back	Total	+/-
Distance																						
Par																						
Name																						

Course: _____

Date: _____

	1	2	3	4	5	6	7	8	9	Front	10	11	12	13	14	15	16	17	18	Back	Total	+/-
Distance																						
Par																						
Name																						

Disc Golf

Date: **Course:**

	1	2	3	4	5	6	7	8	9	Front	10	11	12	13	14	15	16	17	18	Back	Total	+/-
Distance																						
Par																						
Name																						

Date: **Course:**

	1	2	3	4	5	6	7	8	9	Front	10	11	12	13	14	15	16	17	18	Back	Total	+/-
Distance																						
Par																						
Name																						

Date: **Course:**

	1	2	3	4	5	6	7	8	9	Front	10	11	12	13	14	15	16	17	18	Back	Total	+/-
Distance																						
Par																						
Name																						

Disc Golf

Course:

Date:

	1	2	3	4	5	6	7	8	9	Front	10	11	12	13	14	15	16	17	18	Back	Total	+/-
Distance																						
Par																						
Name																						

Course:

Date:

	1	2	3	4	5	6	7	8	9	Front	10	11	12	13	14	15	16	17	18	Back	Total	+/-
Distance																						
Par																						
Name																						

Course:

Date:

	1	2	3	4	5	6	7	8	9	Front	10	11	12	13	14	15	16	17	18	Back	Total	+/-
Distance																						
Par																						
Name																						

Disc Golf

Date: _____ **Course:** _____

	1	2	3	4	5	6	7	8	9	Front	10	11	12	13	14	15	16	17	18	Back	Total	+/-
Distance																						
Par																						
Name																						

Date: _____ **Course:** _____

	1	2	3	4	5	6	7	8	9	Front	10	11	12	13	14	15	16	17	18	Back	Total	+/-
Distance																						
Par																						
Name																						

Date: _____ **Course:** _____

	1	2	3	4	5	6	7	8	9	Front	10	11	12	13	14	15	16	17	18	Back	Total	+/-
Distance																						
Par																						
Name																						

Disc Golf

Date: **Course:**

	1	2	3	4	5	6	7	8	9	Front	10	11	12	13	14	15	16	17	18	Back	Total	+/-
Distance																						
Par																						
Name																						

Date: **Course:**

	1	2	3	4	5	6	7	8	9	Front	10	11	12	13	14	15	16	17	18	Back	Total	+/-
Distance																						
Par																						
Name																						

Date: **Course:**

	1	2	3	4	5	6	7	8	9	Front	10	11	12	13	14	15	16	17	18	Back	Total	+/-
Distance																						
Par																						
Name																						

Disc Golf

Date: Course:

		1	2	3	4	5	6	7	8	9	Front	10	11	12	13	14	15	16	17	18	Back	Total	+/-
Distance																							
Par																							
Name																							

Date: Course:

		1	2	3	4	5	6	7	8	9	Front	10	11	12	13	14	15	16	17	18	Back	Total	+/-
Distance																							
Par																							
Name																							

Date: Course:

		1	2	3	4	5	6	7	8	9	Front	10	11	12	13	14	15	16	17	18	Back	Total	+/-
Distance																							
Par																							
Name																							

Disc Golf

Course:

Date:

	1	2	3	4	5	6	7	8	9	Front	10	11	12	13	14	15	16	17	18	Back	Total	+/-
Distance																						
Par																						
Name																						

Course:

Date:

	1	2	3	4	5	6	7	8	9	Front	10	11	12	13	14	15	16	17	18	Back	Total	+/-
Distance																						
Par																						
Name																						

Course:

Date:

	1	2	3	4	5	6	7	8	9	Front	10	11	12	13	14	15	16	17	18	Back	Total	+/-
Distance																						
Par																						
Name																						

Printed in Great Britain
by Amazon

42549904R00069